Für Bobo

Dr. Dieter Fleig GmbH
Am Remelsbach 30
D-54570 Mürlenbach/Eifel
Telefon: 06594/653
Telefax: 06594/452
Internet: http://www.kynos-verlag.de

Gesamtherstellung: Druckerei Anders GmbH, 54595 Niederprüm

ISBN-13: 978-3-938071-26-7
ISBN-10: 3-938071-26-5

Koch mal was für Bello!

Inhalt

Warum für Hunde kochen?

Essen ist für die meisten Hunde das Wichtigste auf der Welt. Nichts ist spannender, als wenn Frauchen oder Herrchen in der Küche stehen, das Backofenblech herausziehen oder den Frühstückstisch decken. Unsere Vierbeiner genießen den Geruch, den Geschmack, knabbern und knuspern gerne an ihrem Futter. Hauptsache kauen – egal, ob es gesund ist oder nicht.

Hunde haben einen besseren Geruchssinn und so wahrscheinlich auch einen viel sensibleren Geschmackssinn als wir Menschen. Sie sind wahre Feinschmecker. Dennoch leben diese vierbeinigen Gourmets zumeist von Konserven oder Trockenfutter. Dabei kann selbst gekochtes Hundefutter nicht nur besser schmecken, sondern es hält den Hund fit.

Denn auch der Hund ist, was er isst. In dem Hundefutter aus dem Supermarkt sind nicht nur häufig Zucker und Konservierungsstoffe, sondern auch Tierkörperteile, die für den menschlichen Verzehr aussortiert worden sind. Wer selbst kocht, weiß, was im Napf seines besten Freundes landet, wie es hergestellt ist und haltbar gemacht wurde. Und nicht zuletzt sind Hunde auch Familienmitglieder und es macht uns Menschen Spaß, sie als solche zu behandeln. Wir backen ihnen Adventskekse oder einen Geburtstagskuchen, packen ihnen Weihnachtsgeschenke unter den Baum und nehmen sie manchmal sogar mit aufs Sofa. Warum also dann nicht selbst kochen für den Hund? Weil Sie davor zurückschrecken, zwei Mahlzeiten parallel zu kochen? Das muss nicht sein. Viele der Rezepte für Menschen sind auch für Hunde gut, gerade die aus der

Vollwertküche. Alles kann in einem vorbereitet werden, zum Schluss muss es für die Menschen nur gesondert mit Salz und Pfeffer abgeschmeckt werden – beides ist für Hunde tabu.

Wer sich ein wenig ausgiebiger mit der Ernährung des Hundes beschäftigt, stellt bald fest: Die Meinungen, wie der Hund optimal zu ernähren ist, sind so vielfältig wie die Gesichter der Hunde. Ob Rohfütterung mit B.A.R.F. oder ob Fleisch nur kurz angekocht – für all diese Futterformen gibt es genügend Argumente. Immer wieder wird sich dabei auch auf den Hundeahnen Wolf berufen, und geraten, so zu füttern, wie Wölfe fressen. Nun sind Hunde aber zivilisierte Tiere und seit Tausenden von Jahren an den Hausstand gewöhnt. Wollte man sie zudem so füttern, wie Wölfe sich ernähren, müsste man wohl Kleintiere wie Mäuse, Ratten oder Kaninchen oder lange vergrabene Knochen anbieten, denn sie sind Hauptnahrungsmittel der Wölfe. Wen wundert es also, dass letztendlich auch bei der Hundeernährung Essen Geschmackssache ist?

In diesem Sinne möchte dieses Kochbuch Sie ermuntern, ruhig einmal etwas für Ihren Hund zu kochen. Probieren Sie aus, was er mag, was er verschmäht und was ihm zu welcher Jahreszeit guttut. Manche Hunde fressen sogar frische Salate, wenn sie mit Essig und Öl angemacht sind oder pflücken die Himbeeren vom Strauch. Andere Hunde lehnen Obst und Gemüse ab, lassen sich höchstens mal mit einer Kartoffel locken und spucken rohe Möhren sofort wieder aus. Dieses Kochbuch gibt Ihnen Anregungen, Abwechslung in den Hundenapf zu bringen – die Rezepte dazu sind an die internationale Küche angelehnt.
Guten Appetit!

DIE RICHTIGE ZUSAMMENSETZUNG:

Für jede Lebenssituation braucht der Hund entsprechende Nahrung, als Welpe Aufbaukost, als Senior leichtes oder gut verdauliches Essen und als säugende Hündin Kraftfutter. Jedes Nahrungsmittel hat zudem eine spezifische Wirkung auf den Körper.

Eiweiße beispielsweise haben den Zweck, Körpergewebe aufzubauen und zu stärken. Die darin enthaltenen Aminosäuren sind unentbehrlich für den Hundekörper. Er braucht sie in der Nahrung, denn er kann sie nicht selbst herstellen. Eiweiß ist nicht nur in tierischen Produkten, etwa Fleisch und Milchprodukten, sondern auch in vielen Gemüsesorten, etwa Hülsenfrüchten, Getreide und Nüssen enthalten.

Lebenswichtige Bestandteile der Hundenahrung sind aber auch **Vitamine und Spurenelemente.** Auch sie kann der Organismus nicht alle selbst bilden, deswegen ist es wichtig, sie den Hunden mit ausgewogener Nahrung zuzuführen. So braucht der Wasserhaushalt des Körpers Kalium und Natrium, die Blutbildung Eisen und die Knochen und Zähne Kalzium. Auch das Immunsystem braucht Vitamine und Mineralstoffe, um intakt zu bleiben. Dabei spielt es eng mit der Darmflora zusammen, denn die meisten Mineralstoffe und Vitamine nimmt der Hundekörper über die Darmschleimhaut auf.

Um fit zu bleiben, verlangt der Darm nach **Ballaststoffen**. Er selbst kann sie nicht abbauen, braucht sie aber für seine Bakterienkultur. Die Ballaststoffe nähren diese Bakterienkultur und regen die Darmtätigkeit an. Dadurch werden unter anderem giftige Stoffe schneller aus dem Körper befördert.

Ballaststoffe

Nicht nur dafür sind Ballaststoffe wichtig, sie sorgen auch dafür, dass das Sättigungsgefühl länger anhält.

Auch **Kohlenhydrate** braucht der Hundekörper. Sie regeln die Darmmotorik. Kohlenhydrate sind vor allem im Zucker, auch Milchzucker, sowie stärkehaltigen Lebensmitteln, etwa Backwaren.

Ein weiterer wichtiger Baustein der Ernährung, nicht nur für Hunde, auch für Menschen, sind **Fette**.

Fette

Sie liefern lebensnotwendige Säuren und Vitamine (A, D, K und E) und geben dem Organismus Energie. Was bei einer Überdosis Fett passiert, wissen wir alle: Es setzt Speckröllchen an und führt zu Übergewicht. Deswegen sollte Fett auch nur in Maßen genossen werden.

VERFEINERN SIE FERTIGFUTTER

Auch wenn Sie gerne für Ihren Hund kochen, so sollten Sie darauf achten, ihm das Fertigfutter nicht abzugewöhnen. Denn es kann immer mal zu Situationen kommen, in denen Sie nicht für Ihren Hund kochen können (Urlaub, Hund bei Freunden oder in der Hundepension untergebracht oder stressige Tage, an denen wenig Zeit fürs Kochen bleibt). Deshalb ist es wichtig, das industrielle Fertigfutter in den Speiseplan zu integrieren. Ratsam ist es, nur ein- bis zweimal die Woche für den Vierbeiner zu kochen und die restlichen Tage dem Hund die Fertignahrung zu servieren.

Viele der Rezepte sind auch gut geeignet, um Fertigfutter zu verfeinern, etwa die Kürbissuppe, Hühnersuppe, Hirse mit Ei oder auch die Rohkost. Ein guter Schuss Dinkelöl über dem Futter hat außerdem noch keinem Hund geschadet und sorgt für glänzendes Fell.

ERNÄHRUNGSTIPPS FÜR HUNDE:

EMPFOHLEN:

· Eierschalen sind reich an Kalzium, gerade für junge Hunde und tragende Hündinnen sind sie gut geeignet: Einfach im Mörser zu Mehl mahlen.
· Rindfleisch, Lamm, Hühnchen, Kaninchen

Lamm

· Fisch (auch Hunde haben eine Schilddrüse und brauchen Jod)
· Innereien (aber nicht zu häufig)
· Erdgemüse wie Kartoffeln, Karotten, Pastinaken, Steckrüben ungeschälter Reis
· Gerste, Dinkel, Roggen, Hirse, Hafer: Getreide können Hunde nicht selbst aufschlüsseln, deswegen sollte es über Nacht eingeweicht sein und am nächsten Tag kurz aufgekocht werden. Am besten vertragen Hunde geschrotetes Getreide oder Getreide in Flockenform wie Haferflocken, Hirseflocken oder Fünf-Korn-Flocken.

Fünf-Korn-Flocken

Getreide sollte immer vollwertig sein, nicht geschält.
· Rohes Gemüse sollte am besten geraspelt sein, denn das Hundegebiss kann die Gemüsefasern nicht zerkauen.

Gemüse

· Nüsse: Sind reich an Mineralien und Spurenelementen
· Bierhefeflocken über dem Selbstgekochten verstärken den Geschmack und sind zudem sehr gesund für den Hundeorganismus, sie sind eiweißreich und reich an B-Vitaminen. Aber: Nicht kochen, erst kurz vor dem Servieren etwa einen Esslöffel über das Futter streuen.

- Lachsöl und Lebertran: Sind ebenfalls sehr beliebte Geschmacksverstärker, wenn der Hund partout sein Futter nicht anrühren will (etwa nach Trauerphasen).
- Leberwurst: Will der Hund sein Futter überhaupt nicht anrühren und auch Aushungern über Tage hilft nichts, dann greift als letzte Rettung Leberwurst: Einfach ein wenig Leberwurst unters Futter mischen.

Das verträgt nicht jeder Hund:

- Milch und Joghurt: Rufen bei manchen Hunden Durchfall hervor, Quark und Hüttenkäse sind besser geeignet.
- Buchweizen: Kann zu allergischen Hautreizungen führen.

Das gehört nicht in den Napf:

- Zwiebeln
- Schokolade
- Zucker und Salz
- Scharfe Gewürze
- Hühnerknochen: Sie splittern und können innere Verletzungen verursachen.
- Rohes Schweinefleisch: Kann Erreger enthalten, die für Hunde gefährlich sind.
- Gräten

Zeichenerklärung

Rezepte für Hunde

Rezepte auch für Menschen

Die Rezepte

Bananenquark

2 vollreife Bananen
250 g Magerquark
etwas Mineralwasser, sehr sprudelnd

Bananen mit der Gabel zerquetschen und in eine Schüssel geben. Den Quark hinzufügen und nach und nach ein wenig sprudelndes Mineralwasser. Die Masse rühren, bis sie weich und geschmeidig ist.

Für Hunde, die von Süßem nicht genug kriegen können. Zudem: Banane stärkt das Herz.

Bratkartoffeln mit Ei

5 mittelgroße Pellkartoffeln, schon gekocht, am besten vom Vortag
2 bis 3 Eier
eventuell Speck, besser aber: Puten- oder Hühnerfleisch
Sonnenblumenöl

Pellkartoffeln pellen und in Scheiben schneiden, mit etwas Öl in der Pfanne anbraten. Beginnen die Kartoffeln, sich zu bräunen, die aufgeschlagenen Eier dazugeben. Mischung regelmäßig wenden und rühren.

Bei der Variante mit Puten- oder Hühnerfleisch zuerst das Fleisch braten und dann die Kartoffeln. Zum Schluss die Eier hinzufügen.

Ein Winteressen – schmeckt nicht nur dem Vierbeiner!

Eierrolle

5 Eier
2 große Möhren
100 g Vollkornmehl (Weizen oder Dinkel)
2 Zucchini
eventuell etwas Rinderhack
Dosentomaten
geriebener Käse
Majoran oder Oregano

Eiweiß und Eigelb trennen, Eiweiß steif schlagen. Möhren waschen und fein raspeln. Eigelb und Möhrenraspel vermengen, Dinkelmehl zugeben und Eischnee unterheben. Die Masse auf ein mit gefettetem Backpapier ausgelegtes Blech geben und gleichmäßig verteilen. Bei 200 Grad etwa 20 Minuten backen, bis der Teig steif ist. Teig sofort auf ein feuchtes Küchentuch stürzen und wie eine Biskuitrolle zusammenrollen.

Für die Füllung die Zucchini längs in dünne Scheiben schneiden. Dosentomaten fein pürieren. Rinderhack anbraten und mit Tomatenpüree ablöschen. Achtung: Nicht zu flüssig werden lassen! Majoran nach Geschmack hinzufügen.

Die Teigplatte wieder aufrollen, die Zucchini so darauf legen, dass es eine Schicht ergibt. Anschließend mit der Hackmasse bestreichen. Geriebenen Käse darüber verteilen.

Die Teigplatte wieder zusammenrollen und für 20 Minuten in den Backofen bei 170 Grad.

Ein wenig erkalten lassen und Teigrolle in Scheiben schneiden.

Alternative Füllungen:
Gestampfte Kidney-Bohnen, Brokkolipüree mit Seefisch, Lachsscheiben.

Aufwändig. Sieht super aus! Passt, mit Salz und Pfeffer abgeschmeckt, gut auf Buffets von Menschen. Schmeckt im Sommer herrlich erfrischend.

Sehr dekorativ: Eierrolle

FISCHEINTOPF

250 g Kabeljaufilet
3 Stangen Staudensellerie
2 Tomaten
1 Fenchel
1 Brokkoli
1 Lorbeerblatt
mindestens 1 Tasse Wasser
etwas Thymian und Petersilie

Fisch in kleine Stücke schneiden, Sellerie in kleine Würfel. Ebenso den Fenchel, den Brokkoli und die Tomaten zerkleinern, Lorbeerblatt dazugeben und mit Wasser köcheln lassen. Vor Ende des Kochvorgangs Lorbeerblatt entfernen und Thymian und Petersilie hinzugeben. Abkühlen lassen und in den Napf geben. Eventuell als Sättigungsbeilage Reis oder Kartoffeln hinzufügen.

Fisch ist besonders für ältere Hunde gut verträglich.

HIMMEL UND ERDE

300 g Innereien (Rinderniere, Schafsleber oder Geflügelherzen)
5 mittelgroße Kartoffeln
1 bis 2 Äpfel
eventuell etwas Butter

Innereien zerkleinern, Kartoffeln schälen und würfeln, Apfel ebenfalls in kleine Stücke schneiden und alles zusammen mit ein wenig Wasser köcheln lassen. Wenn das Fleisch durch ist, abkühlen lassen und in den Napf geben.

Hunde lieben dieses Gericht – Menschen eher nicht.

ENTENINNEREIEN

Innereien einer Weihnachtsente entfernen, in eine kleine Bratenform geben, ein wenig Wasser hinzufüllen. Bratenform gemeinsam mit der Weihnachtsente im Backofen schmoren lassen. Die Innereien sind etwa nach einer Stunde Backzeit bei 170 Grad gar.

Enteninnereien – Leckerbissen zu Weihnachten

HÜHNERSUPPE

1 Suppenhuhn
3 Möhren
3 Esslöffel Butter
etwa fünf Kartoffeln
1/2 Sellerieknolle
eine Handvoll geschälte, ganze Mandeln.

Ein Suppenhuhn in einem großen Topf mit viel Wasser auskochen, mindestens zwei Stunden köcheln lassen. Das Huhn aus der Brühe nehmen, Knochen auslösen und wegwerfen. Hühnerklein zurück in die Brühe geben. Möhren, Sellerie und Kartoffeln schälen und in Würfel schneiden, dazu geben. Mandeln und Butter unterrühren. Nochmals köcheln lassen, bis das Gemüse gar ist. Abkühlen lassen und lauwarm servieren.

Ein aufbauendes Rezept: Zur Stärkung nach Krankheiten, nach Trauer, Operationen, Geburten oder für ältere Tiere.

Hühnersuppe

IRISH STEW

600 g Rindfleisch
1/2 Kopf Weißkohl
8 große Kartoffeln
1/2 Teelöffel Kümmel
Sonnenblumenöl
Wasser
Alternative: Hähnchenfleisch

Das Fleisch in Würfel schneiden, die Kartoffeln schälen und ebenfalls in Würfel schneiden. Beides in Öl anbraten. Den Kohl in feine Streifen schneiden und mit dem Fleisch und den Kartoffeln nochmals anbraten lassen. Mit ein bis zwei Tassen Wasser ablöschen. Anschließend Kümmel hinzufügen und köcheln lassen, bis der Kohl weich ist. Erkalten lassen und servieren. Wichtig ist, dass der Kohl gut durchgekocht ist, es verhindert Blähungen.

Für den Menschen eine entsprechende Portion abfüllen und nachwürzen, etwa mit Salz und Pfeffer.

Hilft bei Erkrankungen des Magen- und Darmtraktes.

Irish Stew

KANINCHENPAELLA

400 g Kaninchenstücke
250 g Paellareis
1 Paprika
Rosmarin (trocken oder Zweig)
Thymian
Kurkuma oder besser noch Safran (ist leider teuer)
(Oliven-)Öl
ein bisschen Essig nach Geschmack
Alternativen zu Kaninchen: Hähnchen, Muscheln, Seefisch, Tofu

Kaninchenfleisch in Stücke schneiden und in (Oliven-)Öl anbraten. Beiseite stellen.

Die Paprika klein schneiden und anbraten. In dem Paprikaöl den Reis anschwitzen. Mit Wasser ablöschen. Wasser tassenweise hinzugeben. So viel Wasser sollte es sein, dass der Reis weich werden kann und die Paella dennoch nach dem Fertigkochen fest in ihrer Konsistenz ist. Anschließend gebratenes Kaninchen hinzufügen und mit Gewürzen abschmecken. Wer es sich erlauben kann, darf die Paella am Ende mit wenig Öl übergießen – das hebt den Geschmack.

Ein schönes Sommergericht aus Spanien für die ganze Familie. Für den Menschen eine Portion abfüllen und diese mit Salz und Pfeffer abschmecken. Sättigend und dennoch leicht.

KOKOS-PUTEN-EINTOPF

250 g Putenfleisch
7 Möhren
7 mittelgroße Kartoffeln
3 Esslöffel Kokosflocken
1/2 Sellerieknolle
eine Messerspitze Kurkuma
eine Messerspitze Liebstöckel
mindestens 1/2 Liter Wasser
etwas Sonnenblumenöl

Karotten, Kartoffeln und Sellerie schälen und in kleine Würfel schneiden. Putenfleisch ebenfalls in kleine Stücke schneiden. Einen großen Topf auf den Herd setzen, bei hoher Flamme Sonnenblumenöl erhitzen und anschließend Putenfleisch zugeben. Unter gelegentlichem Wenden braten, bis das Fleisch sich bräunt. Anschließend bei geringerer Hitze Kokosflocken, Sellerie, Kartoffeln und Möhren zugeben und schmoren lassen. Nach und nach Wasser dazugeben und einköcheln lassen. Wenn das Gemüse weich zu werden beginnt, ist der Eintopf fertig.

Will man ihn schnell servieren, einfach mit kalten Wasser ablöschen, bis er eine lauwarme Temperatur hat.

Dieser Eintopf ist nicht nur ein hervorragendes Winteressen für die Vierbeiner, er wirkt zudem noch stärkend auf Magen und Milz, weil er Geflügel und Möhren enthält.

KRÄUTERQUARK

200 g Magerquark
je 1 EL frische Kräuter wie
Dill
Petersilie
Majoran
Liebstöckel
Basilikum

Magerquark mit gehackten Kräutern vermischen.

Dieser Quark passt gut zu Kartoffeln oder auf das Fertigfutter. Er wirkt bei heißen Sommertagen wunderbar kühlend und kann noch mit geraspelter Gurke verfeinert werden.

Kräuterquark

KÜRBISSUPPE

1/2 Kürbis
3 Esslöffel Kokosflocken
5 mittelgroße Kartoffeln
etwas Kurkuma (Gelbwurz)
Kürbiskerne (gibt es günstig in Drogerien und Reformhäusern als Heilmittel)

Kürbis und Kartoffeln schälen und würfeln, mit Wasser, Kokosflocken und etwas Kurkuma etwa 20 bis 30 Minuten kochen, bis sie weich genug zum Stampfen sind. Entweder als Eintopf servieren oder Masse zu Brei stampfen. Wer es sich erlauben kann: mit etwas Sahne schmeckt es noch feiner.

Tipp:
Wird das Gericht als Eintopf gekocht, passt sehr gut Fleisch dazu, beispielsweise Huhn.

Kürbis ist ein altes Hausmittel bei Inkontinenz. Er wirkt auch aktivierend und stärkend, also ein Rezept für Hunde mit Energiemangel oder schwachem Magen/schwacher Milz.

Leber mit Apfel

1 kg Rinderleber
8 Äpfel, säuerlich
evtl. 4 große Mohrrüben

Die Leber in Stücke schneiden und mit etwas Fett oder Butter in der Pfanne anbraten.

Die Äpfel schälen und in Würfel schneiden, in einen Topf mit etwas Wasser geben und zu Mus kochen.

Beides im Hundenapf zusammenfügen und abkühlen lassen.

Variante:
Wenn die Leber nicht auch von Menschen verzehrt werden soll: Leberstücke im großen Topf anbraten, mit Wasser löschen, dann die Äpfel hinzufügen. Zusätzlichen Pfiff bekommt das Gericht, wenn in Würfel geschnittene Mohrrüben hinzugefügt werden.

Dieses Rezept ist gut bei Rekonvaleszenz oder nach Magenverstimmungen. Ihr Hund wird es lieben!

Für den Menschen:

1 Zwiebel
Pfeffer und Salz

Die Zwiebel in Ringe schneiden, in einer zweiten Pfanne in Butter anbraten und abkühlen lassen. Von der gebratenen Leber einen Teil abnehmen, nach Geschmack mit Salz und Pfeffer würzen und mit Zwiebelringen garnieren. Zusammen mit dem Apfelmus servieren.

Das passt dazu:
Kartoffeln oder Kartoffelbrei.

Leber mit Apfel

Minipizzen

Für den Teig
1 Paket frische Hefe (Trockenhefe geht auch)
200 ml Wasser
300 g Vollkornmehl (muss nicht Weizen sein, Dinkel oder Weizen-Roggen gemischt schmeckt auch sehr gut)
1 EL Olivenöl

Für den Belag
3 mittelgroße Möhren
1 Zucchini
3 große Tomaten
2 Pakete Mozzarellakäse
evtl. etwas Rinderhack

Die frische Hefe in etwas Wasser auflösen, Mehl in eine Schüssel geben und eine Mulde hineindrücken. In diese Mulde die Hefe-Wasser-Mischung geben, Mehl über die Mischung schaufeln. Olivenöl am Rand des Teiges verteilen und alles zu einem Teig verkneten. Ist der Teig zu krümelig, mehr Wasser hinzufügen, ist er zu klebrig, Mehlanteil erhöhen. Teig eine Stunde an einem warmen, zugfreien Ort gehen lassen. Anschließend Hände mit Mehl bestäuben, 10 bis 15 kleine Teigkugeln formen und zu Pizzaböden ausrollen.

Tomaten, Zucchini und Möhren in Scheiben schneiden, ebenso Mozzarella. Pizzaböden zunächst mit Tomaten belegen, anschließend, je nach Geschmack, mit Gemüse und Hack belegen. Zum Schluss mit Oregano bestreuen und mit Mozzarella abdecken. Dann in den nicht vorgeheizten Ofen schieben. Etwa 25 Minuten bei Ober- und Unterhitze backen, keine Umluft anschalten. Wenn der Käse gut geschmolzen ist, sind die Pizzen fertig.

Ist auch kalt für Hunde sehr lecker.

Variante für die Menschen:
Vor dem Backen Pizzen salzen und pfeffern.

Pute mit Buchweizen

300 g Putenschnitzel
1/2 Sellerieknolle
1 Tasse Buchweizen*
1,5 bis 2 Tassen Wasser
Olivenöl

Putenschnitzel in kleine Würfel schneiden, Sellerie in Miniwürfel hacken. Beides zusammen mit ein wenig Öl in der Pfanne andünsten und nach und nach mit etwas Wasser löschen. Zur gleichen Zeit Buchweizen mit dem Wasser zum Kochen bringen und etwa 10 Minuten köcheln lassen – bis der Buchweizen ganz weich ist.

Selleriepute unter den Buchweizen mischen, abkühlen lassen und in den Napf geben.

Pute ist hervorragend für eine Diät geeignet: Sie enthält wenig Fett und sättigt dennoch gut. Zudem mögen viele Hunde ihr Muskelfleisch sehr gerne.

* *Achtung:* Buchweizen führt bei manchen Hunden zu allergischen Hautreaktionen, bitte beobachten, sonst mit Dinkel, Hafer oder Gerste ersetzen.

Rinderherz mit Möhren

300 g Rinderherz
3 Karotten
100 g Magerquark
Petersilie oder Majoran
1 Tasse Quinoa oder Bulgur oder Reis
2 Tassen Wasser

Klein geschnittene Möhren in Öl andünsten und die Herzstücke zugeben. Köcheln lassen, bis das Fleisch durch ist. Anschließend Magerquark zugeben und durchziehen lassen, ohne zu kochen.

Zur gleichen Zeit Getreide oder Reis mit dem Wasser köcheln lassen, bis das Getreide weich ist.

Beides zusammenmixen, abkühlen lassen und in den Napf geben.

Dies ist ein leicht verdauliches Gericht, welches vor allem für ältere Tiere geeignet ist.

Roher Fisch

300 g Fisch (etwa Seelachs oder Hering)
300 g gekochte Pellkartoffeln, gerne vom Vortag
etwas Dill (höchstens ein Teelöffel)

Den rohen Fisch in Stücke schneiden. Die Pellkartoffeln pellen und zerstoßen. Fisch und Dill unter die Kartoffeln mischen und servieren.

Tipp:
Manche Hunde mögen weder rohes Fleisch noch rohen Fisch. Probieren Sie es deshalb erst mit einer kleinen Portion.

Nicht nur in Japan ist er sehr beliebt: Roher Fisch schmeckt vielen Hunden sehr gut und ist auch für ältere Hunde noch leicht bekömmlich. Ein schönes Gericht, wenn man mit den Vierbeiner Urlaub am Meer macht.

Pellkartoffeln mit Fisch

Rohkost im Napf

3 Möhren
1 Apfel
1/2 Sellerieknolle
1 Becher Quark (20 Prozent Fett)
2 Tassen Weizenkeime
1 Esslöffel Sonnenblumenöl
etwas Majoran

Die Weizenkeime mit 3 Tassen Wasser über Nacht einweichen lassen. Am nächsten Tag die Möhren, Apfel und den Sellerie raspeln, mit dem Quark verrühren, Weizenkeime dazugeben und etwas Majoran untermischen. Einen Esslöffel Sonnenblumenöl hinzugeben. Falls der Hund keine Rohkost mag, Sellerie und Möhren mit Majoran kochen, ins warme Essen Weizenkeime zufügen, über Nacht quellen lassen und zur Mahlzeit mit Quark und Öl anreichern, mit Hefeflocken oder Lachsöl verfeinern.

Rohkost mit Tofu

Tipp:
Statt der Weizenkeime kann man auch Grünkern nehmen, der müsste allerdings kurz aufgekocht werden und dann über Nacht quellen.

Rohkost ist eine gute Ernährungstherapie für aggressive Tiere. Nach einer zweiwöchigen Rohkostdiät sollten sie ruhiger werden.

Thunfisch mit Reis

1 Paket Tiefkühlthunfisch
1 Tasse Reis
2 Tassen Wasser
etwas Petersilie
und für Hunde, die es vertragen, etwas Butter

Reis in den Kochtopf geben, den Thunfisch dazu, dann das Wasser. Alles zusammen etwa 30 Minuten köcheln lassen, bis der Reis weich ist. Vor dem Servieren eventuell mit Butter und Petersilie verfeinern.

Einfaches Gericht, wunderbar als Diätfutter geeignet. Besonders Hundesenioren vertragen dieses Gericht gut.

Bobo genießt Thunfisch mit Reis

Tofu mit Austernpilzen

Vollkornnudeln (am besten vom Tag vorher)
Austernpilze
4 mittelgroße Möhren
1 Stück Tofu
ein wenig Sonnenblumenöl

Austernpilze waschen und klein schneiden, Möhren ebenfalls waschen und in kleine Würfel schneiden, Tofu in kleine Stücke schneiden. Zunächst die Pilze in dem Sonnenblumenöl anbraten. Später Möhren, Tofu und Nudeln hinzufügen. Abkühlen lassen – fertig.

Für den Menschen:
Eine Portion abfüllen und mit Sojasoße, Salz und Chili würzen.

Tofu wirkt kühlend – ein gutes Sommergericht. Zudem ist er kalorienarm, deswegen auch gut als Diätrezept geeignet.

Kartoffelsalat mit Bockwurst

mindestens 5 Pellkartoffeln vom Vortag
4 Bockwürste
etwas Petersilie
1 bis 2 Esslöffel Sonnenblumenöl

Kartoffeln pellen und in Würfel schneiden. Bockwurst ebenfalls in kleine Stücke schneiden. Petersilie hacken, Öl darübergeben und mischen.

Schmeckt nicht nur Hunden!

Für Menschen:
Mit Saft von sauren Gurken verfeinern, eventuell auch mit zerkleinerten sauren Gurken und Mayonaise.

Hirse mit Ei

3 Eier
etwas Milch oder Sahne
1/2 Tasse Hirse
etwas Öl
etwas Basilikum oder Petersilie

Hirse kurz aufkochen und über Nacht quellen lassen. Am nächsten Morgen die Eier mit Milch in einer kleinen Schüssel vermengen, so dass sie nicht allzu flüssig werden. Öl in einer Pfanne erhitzen und Hirse und Eier wie Rührei zusammenrühren. Mit gehackter Petersilie oder gehacktem Basilikum abschmecken.

Frühstücksalternative mit stärkendem Effekt auf schwache Hinterläufe, etwa bei älteren Tieren.

AVOCADOCREME

1 vollreife Avocado
einige Spritzer Essig
etwas Koriander gemahlen
gehackte Petersilie oder Kresse
eventuell saure Sahne

Avocado schälen und entkernen und mit der Gabel zu Brei zerdrücken. Mit der sauren Sahne verrühren und Gewürze hinzugeben. Unterrühren – fertig. Verfeinert Dosen- oder Trockenfutter.

Für den Menschen:
Portion etwas nachsalzen.

Avocadocreme

KÜRBIS MIT HACK

300 g Hackfleisch (ich bevorzuge Rinderhack)
etwas Öl
1 Hokaido-Kürbis
Koriander, Kurkuma
3 EL Kürbiskerne
5 mittelgroße Kartoffeln

Den Hokaido-Kürbis samt Schale in Würfel schneiden. In einem großen Kochtopf Öl erhitzen und die Kürbiswürfel kurz anbraten. Mit ca. 1/2 Liter Wasser löschen. Köcheln lassen und ab und zu Wasser nachschütten.

Kartoffeln waschen, in einen Topf geben, mit Wasser auffüllen und als Pellkartoffeln gar kochen lassen.

Während alles vor sich hin köchelt (Dauer: ca. 20 Minuten), das Hack in der Pfanne anbraten.

Hokaido-Kürbis

Wenn der Kürbis weichgekocht ist, den Eintopf mit dem Pürierstab oder Kartoffelstampfer pürieren. Kartoffeln abschrecken und pellen.

Kürbismus mit Koriander und Kurkuma abschmecken. Gemeinsam mit Hack und Kartoffeln in den Napf geben, mit Kürbiskernen verzieren.

Für Menschen:
Nachwürzen mit Salz, Pfeffer und eventuell Petersilie.

LAMMNIERCHEN MIT SPECK

4 Lammnieren
2 EL Olivenöl
50g Speck
1 TL Tomatenmark

Speck würfeln und in der Pfanne auslassen. Bei Bedarf etwas Olivenöl hinzugeben. Häute und Fettkern in der Mitte der Lammnieren entfernen und Nieren in Würfel schneiden. Speck aus der Pfanne nehmen, Nieren hineingeben und unter starkem Rühren anbraten. Sobald die Poren der Nieren geschlossen sind, Speck hinzufügen und Tomatenmark unterrühren.

In Andalusien ist dies ein beliebtes Gericht für Menschen, allerdings werden die Nieren dann noch mit Knoblauch und Zwiebeln angebraten und später mit Sherry abgelöscht und mit Salz und Pfeffer abgeschmeckt.

BABYBREI

1 Tasse Ziegenmilch
7 Korn-Breiflocken für Babynahrung
etwas Banane, Apfel oder Pfirsich

Ziegenmilch erhitzen und mit dem Schneebesen Breiflocken hineinstreuen, so lange, bis ein Brei entsteht. Während der Brei abkühlt, Banane zerquetschen oder Äpfel/Pfirsich hineinreiben. Dieser Brei schmeckt oft Hunden, die komplett den Appetit verloren haben. Er ist auch hervorragend als Frühstück geeignet.

FISCHKOPFSUPPE

500 g Fischköpfe (nicht zu groß, gut vom Körper getrennt und ohne Gräten)
2 EL Olivenöl
2 Tomaten
500 g Kartoffeln
3 EL Petersilie oder Dill

Tomaten in Würfel schneiden. Kartoffeln schälen, ebenfalls in Würfel schneiden. Olivenöl in einem großen Topf zerlassen und Gemüse anbraten. Mit $^{1}/_{2}$ Liter Wasser ablöschen. Fischköpfe hinzugeben und etwa 20 Minuten köcheln lassen, bis die Kartoffeln gar sind. Abkühlen lassen und servieren.

THUNFISCH MIT GEMÜSE

500 g Thunfisch (tiefgekühlt)
1 Fischkopf für die Essenz
1 rote Paprika
200 g Erbsen (tiefgekühlt)
1/2 Tasse Paellareis

Fischkopf etwa 10 Minuten in 1/2 Liter Wasser kochen. Thunfisch in einer Pfanne mit Öl anbraten, dann auf einen Teller geben. Im Fett der Pfanne Paprika kurz anbraten. Den Thunfisch wieder hinzugeben und mit dem Fischfond ablöschen. Paellareis und Erbsen hinzufügen und auf kleiner Flamme ziehen lassen, eventuell ab und zu etwas Wasser nachgeben. Abkühlen lassen und servieren.

Für den Menschen:

1 Dose Tomatenmark
2 Chilischoten
2 Zwiebeln
2 EL Öl

Öl in der Pfanne erhitzen. Zwiebeln vorher schälen und in Würfel schneiden. Zwiebelwürfel in das Öl geben und scharf anbraten. Mit der Hälfte des Fischfonds aus obigem Rezept löschen, Chilischote und Tomatenmark dazugeben und mit Salz abschmecken. Vom Thunfischgericht für den Vierbeiner eine Portion abnehmen und mit der Sauce verfeinern. Servieren.

MAISKOLBEN

2 Maiskolben in kochendes Wasser geben und etwa 20 Minuten garen lassen. Anschließend aus dem Topf nehmen, mit Butter einstreichen und abkühlen lassen. Achtung: Die Kolben sind lange sehr heiß! Wenn sie fast ganz kalt sind, dem Hund reichen.

Ist ein leckerer Kauspaß für zwischendurch.

Falls Sie selbst Appetit bekommen haben, dann streuen Sie noch etwas Salz über den Maiskolben, knabbern ihn ab und geben den Strunk Ihrem Vierbeiner. Das ist für den fast so schön, wie Knochen knabbern – nur weniger problematisch für seine Verdauung.

Maiskolben